Commandant PAMARD

Emploi de l'Artillerie

PARIS
CHARLES-LAVAUZELLE & Cie

Éditeurs militaires

124, Boulevard Saint-Germain, 124

MÊME MAISON A LIMOGES

1921

Commandant PAMARD

Emploi de l'Artillerie

PARIS
CHARLES-LAVAUZELLE & CIE
Éditeurs militaires
124, Boulevard Saint-Germain, 124

MÊME MAISON A LIMOGES

1921

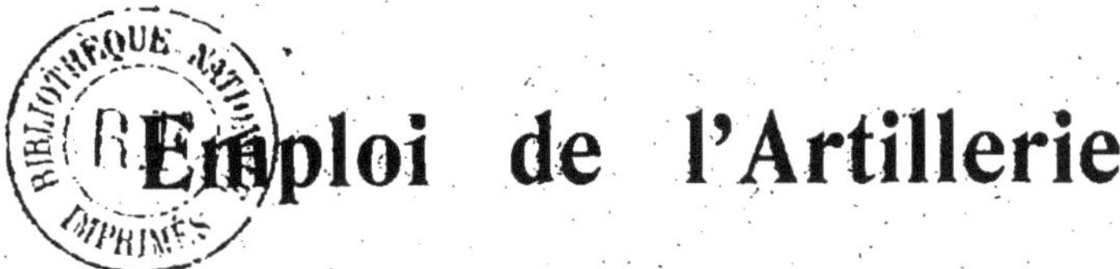 Emploi de l'Artillerie

I.

Sujet vaste et complexe. Par la diversité de ses matériels, par la variété infinie de ses tirs, l'artillerie se prête, en effet, à des besognes multiples et fort différentes et l'on pourrait se borner à en faire comme dans les manuels, l'énumération en désignant le matériel le plus apte à chaque utilisation et en indiquant les genres de tirs appropriés.

D'autre part, la guerre a amené, je ne dirai pas une révolution, mais une évolution considérable des idées sur l'emploi de l'artillerie, et nous sommes encore trop près des événements pour que l'on puisse en tirer des conclusions définitives.

Avant la guerre, la puissance de l'artillerie était quelque peu méconnue. « L'artillerie appuyait l'attaque de l'infanterie, elle ne préparait pas ». L'infanterie fut la première à reconnaître cette erreur et à réclamer la préparation des attaques par l'artillerie.

On s'efforça de donner à l'artillerie les moyens qui lui manquaient. Mais alors, on tomba presque dans l'excès inverse : certains faisaient appel à l'artillerie dès qu'une patrouille sortait des tranchées; d'autres crurent que l'artillerie était bonne à tout, et, si une opération échouait, on disait que la préparation d'artillerie avait été insuffisante. Cela aussi est une erreur.

La vérité est entre les deux. L'artillerie et l'infanterie sont les armes principales de la bataille et le succès dépend de la coordination incessante de leur action. « L'artillerie ouvre la voie à l'infanterie en brisant les obstacles qui s'opposent à sa marche. » Elle fait plus encore : elle couvre de ses feux la progression de l'infanterie. Mais l'artillerie ne peut briser toutes les résistances, car, quelle que soit la supériorité matérielle que l'on ait sur l'adversaire — et les opérations de 1918 sont là pour l'affirmer — il arrivera toujours un moment où l'infanterie se heurtera à un point d'appui plus ou moins solidement occupé que l'artillerie ne pourra battre immédiatement. C'est d'ailleurs pour cela que l'on a doté l'infanterie d'engins d'accompagnement, véritable petite artillerie à la disposition immédiate de l'infanterie.

L'infanterie ne peut se passer de l'artillerie; mais, d'autre part, une artillerie insuffisamment couverte par l'infanterie est à la merci d'un adversaire animé d'un esprit offensif. Une artillerie trop lourde ou trop lente paralyse la progression de l'infanterie et devient une encombrante inutilité.

Le but, c'est l'action concordante des deux armes, la manœuvre en liaison étroite. Car l'artillerie est une arme aussi apte que les autres à la manœuvre, et si le propre de l'infanterie est le mouvement, l'artillerie, elle, manœuvre par le feu. Plus qu'aucune autre arme, elle est capable de réaliser l'esprit de surprise par le déclanchement immédiat d'une concentration de feu sur une zone de champ de bataille tandis qu'elle interdira à l'ennemi les points de passage les plus éloignés ou l'empêchera d'occuper des

. points d'appui importants, et enfin le mettre dans l'impossibilité de se servir efficacement de ses armes.

Quelles que soient les formes diverses que prend le combat, *l'action de l'artillerie consistera toujours à réaliser un système de feux dont la puissance sera assurée par l'emploi en masse, la concentration des feux et l'effet de surprise.*

Tout commandant de batterie doit connaître à fond les ressources et le maniement de son matériel, pour pouvoir manœuvrer avec ses quatre pièces et réaliser le système de feux conforme à la mission qu'il a reçue. C'est là une question de souplesse d'esprit et de décision.

Tout commandant de grande unité doit pouvoir jouer des diverses batteries mises à sa disposition comme un pianiste de son clavier, pour assurer la concordance constante de l'action de l'artillerie avec celle de l'infanterie. Cela nécessite une connaissance complète des propriétés des divers matériels, et c'est pour cela que le commandant d'une grande unité est assisté d'un spécialiste, commandant l'artillerie de cette unité.

C'est en cela que consiste l'emploi de l'artillerie, et c'est là principalement une question de commandement et d'organisation des feux.

On ne peut donc ici, comme sur bien des choses d'ailleurs, donner de principes absolus.

On se trouvera toujours dans un cas particulier, et l'application dépendra des circonstances, du temps et des moyens dont on disposera.

Cependant, nous pouvons admettre — sinon comme définitifs, du moins comme judicieusement établis — les principes d'emploi qui ont été confirmé par les succès des opérations de 1918. C'est donc en nous appuyant sur ces exemples que nous étudierons successivement l'action de l'artillerie dans la défensive, puis dans l'offensive.

Máis la tactique évoluant toujours parallèlement avec l'armement, il est intéressant, auparavant, de jeter un rapide coup d'œil sur la progression qui nous a conduits aux solutions de 1918.

II. — Evolution des idées de 1914 à 1918.

Nous sommes partis en 1914 avec :

Trois groupes de 75 par D. I.;

Quatre groupes de 75 par C. A.;

L'A. L. n'existait pour ainsi dire pas, elle était représentée par quelques groupes de 120 et de 155 C., au total : 50 batteries, qui étaient des organes d'armée.

L'approvisionnement en munitions était dérisoire: 1.300 coups par pièces (quatre jours de feu actuels).

Cette pénurie de matériel était due tout d'abord à la croyance que le 75, auquel une invention récente (plaquette Malandrin) venait de permettre de faire du tir courbe, serait bon à tout, ensuite parce que, au Parlement, on hésitait à consentir les gros crédits que nécessitaient les armements lourds dont la nécessité était si discutée dans certains milieux. La volonté de réaliser l'économie de matériels avait entraîné l'étroitesse d'esprit dans l'emploi. Là aussi on visa à l'économie.

Les batteries ne doivent s'engager qu'au fur et à mesure du besoin; on calcule au plus juste l'importance et les dimensions de l'objectif pour savoir le nombre de pièces nécessaire pour le battre.

D'autre part, l'observation aérienne venait seulement de naître, et les tirs sur objectifs défilés ou très lointains sont, sinon proscrits, du moins peu recommandés.

Enfin, nous étions dotés depuis peu d'un téléphone rudimentaire portatif qui, certes, nous rendit grand service, mais qui fut, dès les premières semaines reconnu totalement insuffisant.

Quoi qu'il en soit, les offensives allemandes de 1914 furent arrêtées partout, grâce aux effets foudroyants de notre admirable 75 et aussi, il faut le dire, grâce à l'habileté des commandants de batteries qui, il faut l'avouer, mirent rapidement de côté leurs règlements. Mais le manque de munitions nous empêcha de rendre les victoires de la Marne et de l'Yser plus complètes (1).

Déjà, cependant, est reconnue l'importance de l'artillerie. On fait appel aux vieux matériels des places, et l'on dote les corps d'armée d'un groupe lourd de 120 ou de 155 L.

Déjà aussi, la tactique d'avant-guerre est profondément modifiée :

L'artillerie est employée en masse et agit souvent par concentration de feux.

Les tirs à grande distance sont fréquents.

Les tirs sur zones à explosifs deviennent la règle.

A la guerre de mouvement succède la guerre de tranchées, qui nécessite des moyens nouveaux.

Il fallait des munitions, des pièces à grande portée et des pièces tirant des projectiles à fortes doses d'explosifs.

Tout le pays se mit à l'œuvre et l'on créa l'artille-

---

(1) Commandant de batterie sur l'Yser, je dus, avec ma batterie, remplir la mission d'un groupe et j'étais prévenu que je ne serais pas ravitaillé en munitions pendant trois jours.

rie de tranchée, puis les matériels modernes d'artillerie lourde à grande portée, à grande puissance et à tir rapide. Enfin l'œuvre fut complétée en créant l'artillerie portée et l'artillerie à tracteurs, ce qui permit de transporter d'un point du front à l'autre les masses d'artillerie nécessaires aux opérations. Le tableau ci-après donne une idée de la construction et indique les caractéristiques principales des divers matériels.

En même temps, les idées évoluaient. La bataille de Verdun fit éclater aux yeux de tous l'importance de l'artillerie dans la préparation de l'attaque ainsi que celle des tirs d'interdiction à grandes portées. Elle montra de même que le meilleur système de feux pour arrêter les attaques était la concentration des feux sur les premières lignes ennemies, système auquel on donne le nom *de contre-préparation offensive.*

D'autre part, naquirent, par la force même des choses, la liaison étroite avec l'infanterie, le développement des liaisons téléphoniques, l'organisation méthodique de l'observation terrestre puis, plus tard et plus lentement, celle de l'observation aérienne.

En même temps, les dotations des divisions d'infanterie et des corps d'armée en artillerie lourde s'accrurent. Les divisions reçurent un groupe de 155 C.; les corps d'armée reçurent deux groupes lourds longs (105, 120 ou 155) (1).

---

(1) Actuellement, les dotations en artillerie sont les suivantes : D. I. mobilisée : 1 R. A. C., 4 groupes 75 ; 1 R. A. L., 2 groupes 155 C.

C. A. mobilisé : 1 R. A. L., 2 groupes 105 ; 2 groupes 155 L. 2 sections de transports.

Principaux matériels d'artillerie.

CALIBRES.	NOMBRE DE BATTERIES.			PORTÉE MAXIMA.	POIDS du projectile.	VITESSE de tir par minute.	VITESSE horaire de marche sur route.
	Août 1914.	1er Janvier 1918	11 Novembre 1918..	kilomètres.	kilogrammes.		kilomètres.
Artillerie hippomobile. 75	990	1056	966	10	5 500	12	8
155 C.....	26	267	441	11	43	3	4 500
120 L.....	21	68	17	9	20	2	4
155 L.....	»	79	175	13	43	2	5
105	»	102	153	12	16	8	4
Artillerie à tracteur. 75	»	72	306	10	5 500	12	12
120	3	»	11	9	20	2	
155 C.....	»	20	4	11	43	3	
155 L.....	»	78	92	16	43	2	9
14	»	32	17	18	33	2	
155 G.P.F.	»			16	43	3	
220 T. R..	»	64	104	10	100	2	5
280 T. R..	»			10	200	1	
Nombre total des batteries d'A. L............	50	710	1014	»	»	»	»
Nombre total de pièces...	200	2840	4056	»	»	»	»

Enfin, grâce à la vulgarisation de la topographie, à l'établissement de plans directeurs, aux sections aérologiques, au tarage des lots de poudre, aux lotissements des munitions, les méthodes de tir de l'artillerie de siège sont devenues la règle presque générale dans l'artillerie de campagne, et les batteries peuvent entrer en action et faire des tirs très suffisamment précis sans se dévoiler prématurément par des tirs de réglage.

On s'aperçoit alors — après les Boches d'ailleurs (offensives de Riga et de la Somme) — que la surprise constitue l'un des éléments essentiels du succès, et que l'artillerie se trouve, par ses qualités mêmes, plus apte que toute autre à produire l'effet maximum de surprise.

Dès lors, l'artillerie, en pleine possession de ses moyens techniques et matériels, assurée de son ravitaillement en munitions, ne fut pas longue à trouver la manœuvre par le feu, la mieux appropriée à la tactique des combats actuels.

III. — Quelques principes fondamentaux.

Avant d'étudier la tactique de l'artillerie, il est bon de rappeler quelques principes généraux inhérents à l'arme et qui devront régir son utilisation quel que soit le mode d'emploi.

1° *Toute pièce possède un régime de tir particulier qui doit déterminer son emploi.*

2° *Toute pièce en position a une portée maxima, une portée minima* (1) *et des limites de tir en direction.*

---

(1) Le 32, par exemple, ne peut tirer à moins de 15 kilomètres; le 270, à moins de 17 kilomètres.

Il est donc faux — et c'est là une erreur trop commune — de croire qu'une pièce pourra d'autant mieux tirer sur un objectif qu'elle en sera plus rapprochée. La seule chose à considérer est donc constituée par les possibilités inhérentes au matériel d'abord, à la position ensuite, et c'est dans les combinaisons multiples de ces possibilités qu'il faut rechercher et étudier la concentration des feux. Disons tout de suite, que par *concentration de feux* (mot qui reviendra maintes fois dans cette étude), il ne faut pas entendre que tous les canons tirent ensemble sur le même objectif, mais que tous tirent *simultanément* sur les objectifs qu'ils sont le plus propres à battre de par leur nature et leur possibilité de tir, dans une zone déterminée en largeur et en profondeur.

3° *Tout tir est soumis aux lois de la dispersion*, d'où deux conséquences importantes :

a) Il sera toujours dangereux de faire exécuter un tir sur un objectif très rapproché des troupes amies;

b) Un tir de destruction demandera, pour être efficace, un nombre relativement élevé de projectiles (400 à 600 coups de 75 ou de 155, 200 coups de 280, pour la destruction d'une batterie), et surtout un contrôle minutieux du tir. Ce sera donc toujours une opération assez longue. Est-ce à dire qu'elle ne devra jamais être tentée. Nullement, mais il est bon que l'infanterie sache que l'artillerie ne peut pas détruire immédiatement tous les obstacles qui se présenteront au cours du combat, et le pourrait-elle, cela nécessiterait une consommation de munitions peu en rapport généralement avec le but à atteindre.

Si l'infanterie ne doit pas attendre de l'artillerie la destruction complète et rapide des moyens de l'adversaire, elle peut en espérer la neutralisation, et pour cela, les effets moraux produits par l'artillerie sont aussi considérables que les effets meurtriers.

4° *Toute pièce est soumise aux lois de la résistance des matériaux*, c'est-à-dire qu'elle s'use. Pour certaines, l'usure vient vite — les « berthas », qui tiraient sur Paris, ne pouvaient, par exemple, tirer plus d'une vingtaine de coups — et l'usure est d'autant plus rapide que l'on abuse du tir rapide. (Aux attaques de Champagne, en 1916, au bout de dix minutes de tir rapide, mes pièces étaient tellement échauffées que les tubes étaient devenus rouges et que le liquide du frein était en ébullition: le tir a dû être interrompu, et deux pièces ont dû, quelques jours après, être envoyées à l'équipe des réparations; elles avaient perdu toute leur précision.)

Tout comme les hommes, les pièces ont donc besoin d'être ménagées, et, si l'on peut parfois leur demander un effort excessif, il ne faut pas que cet effort soit trop fréquemment répété.

5° *Tout tir a besoin d'être contrôlé.* Donc, avant toute opération, il y a lieu d'organiser les moyens de contrôle : observation terrestre, observation aérienne, mais c'est un moyen *a posteriori* qui ne peut remplacer l'observation directe, seul moyen de conduire le tir.

6° *Toute batterie vue ou dévoilée par son tir est vouée, à une échéance plus ou moins lointaine, à la destruction.*

Il importe donc, d'une part, de prendre toutes mesures utiles pour dérober les batteries aux vues de l'ennemi (installation sous bois, camouflage...), d'autre part, de ne pas les faire tirer inutilement.

7° *Tout matériel a une mobilité qui lui est propre.*

Le matériel hippomobile se meut sur route avec une vitesse qui varie de 4 à 9 kilomètres à l'heure; mais il est généralement apte à suivre tous les mouvements du champ de bataille. On dira qu'il a une faible mobilité stratégique, mais une grande mobilité tactique.

Le matériel à tracteurs a, au contraire, une grande mobilité stratégique et une faible mobilité tactique.

Enfin, le matériel porté possède au suprême degré toutes les mobilités.

8° Toute artillerie qui n'est pas en position est non seulement inutile, mais devient encombrante.

Il convient donc d'utiliser les pièces en batteries jusqu'à extrême portée et de réduire au minimum la période de déplacement. Les mouvements s'exécuteront donc par échelons et par bonds, chaque bond étant couvert par les feux de l'échelon restant en position, de façon à assurer la continuité de l'action de l'artillerie.

Les principes généraux que nous venons d'indiquer doivent servir de base à l'emploi de l'artillerie.

L'ampleur donnée à toute opération offensive ou la capacité de résistance permise à la défensive seront déterminées par la force d'artillerie affectée à l'opération — force qui dépend d'une part, du nombre de batteries et de leur nature; d'autre part, de la quantité de munitions qui peut leur être allouée. Le commandement réglera l'allure du combat en fixant la consommation journalière des pièces de chaque nature.

Le nombre des batteries de chaque catégorie étant connu, il faut en déterminer les emplacements. Ceux-ci seront choisis d'après les considérations suivantes :

1° Mission à remplir, c'est-à-dire permettant de

tirer dans les conditions de portée et de direction voulues;

2° Contrôle de tir. Donc, en liaison constamment assurée avec de bons observatoires;

3° Ravitaillement. A proximité des chemins facilement praticables aux voitures;

4° Autant que possible à l'abri des vues de l'ennemi.

Le nombre d'emplacements réalisant toutes ces conditions sera relativement assez limité. Cela nécessitera de la part du commandement une étude approfondie. Par ailleurs, tant dans l'attaque que dans la défense, les objectifs à battre s'échelonnent à des distances variables. Nous avons vu, d'autre part, qu'il y avait lieu d'utiliser les pièces en position jusqu'à leur extrême portée. En conséquence, il y a lieu d'adopter pour l'artillerie un *dispositif en profondeur*.

La conduite du feu, le contrôle du tir, la concentration des feux, la liaison étroite avec l'infanterie ne peuvent être réalisées avec fruit que si toutes les batteries agissant dans un même but, c'est-à-dire sur une même zone, obéissent à un même chef. Cela nécessite une organisation de commandement, ce que nous appellerons un *groupement de batteries*, qui peut comprendre des batteries de diverses sortes.

Un même chef ne peut commander directement à un nombre considérable de batteries. Un groupement comprendra donc les batteries agissant au profit d'un régiment ou d'un bataillon d'infanterie, ou les batteries chargées de la contre-batterie. Chaque groupement peut d'ailleurs être divisé lui-même en sous-groupements, par exemple : sous-groupement d'A. C., sous-groupement d'A. L.

Chacun de ces groupements ou sous-groupements aura une zone d'action normale — c'est-à-dire que les objectifs de cette zone seront battus normalement par les batteries du groupement — et une zone d'action éventuelle lui permettant de renforcer l'action du groupement voisin. Ces zones seront connues des observateurs terrestres et des aviateurs, de sorte que tout objectif paraissant dans une zone puisse être immédiatement pris à partie par le groupement capable de le battre. Ils disposeront d'ailleurs chacun d'un observatoire propre, relié directement aux batteries, et, si possible, d'un avion travaillant à leur profit.

Le chef du groupement se tiendra en liaison étroite avec le commandant de l'unité d'infanterie agissant dans la même zone de combat. Mais, quelque parfaite que soit la liaison établie, il faut que l'infanterie sache bien que, si l'action de l'artillerie est précise au début de l'opération engagée, elle ne peut s'adapter toujours à toutes les phases du combat. Il lui faudra toujours le temps d'être renseignée et le temps de préparer le tir approprié à une nouvelle situation, et parfois, elle se trouvera dans des conditions telles que le tir ne pourra être exécuté. Pour ces cas imprévus, l'infanterie doit compter plus sur ses engins d'accompagnement que sur l'artillerie.

Nous allons maintenant entrer dans l'étude même du combat et nous allons voir d'abord l'action de l'artillerie dans la défensive.

IV. — L'artillerie dans la défensive.

Avec les moyens actuels, si l'assaillant y met le prix, il arrivera toujours à prendre pied dans les lignes de l'adversaire. L'action concordante à réaliser entre l'infanterie et l'artillerie aura donc pour but :

1° D'arrêter l'assaillant sur une ligne déterminée à l'avance;

2° De reconquérir, par une contre-offensive, le terrain perdu.

L'assaillant a fatalement une supériorité de moyens considérable. Pour parer à cette infériorité, l'artillerie offrira à la défense le maximum de ses ressources et devra utiliser toute sa souplesse. Avant l'attaque, elle donnera le change à l'adversaire en changeant fréquemment ses batteries de position et en nuançant son feu à l'infini. Pendant l'attaque, elle aura l'avantage d'avoir comme objectif principal les masses d'infanterie de l'assaut s'avançant à découvert (et même parfois les batteries d'accompagnement), et, par la plus large utilisation du champ de tir de ses pièces, elle compensera son infériorité numérique par des concentrations de feux inattendues. qui tromperont l'ennemi sur l'importance de la défense.

Toute la tactique de la défense est basée sur la connaissance des procédés d'attaque, et son succès sur la vigilance apportée à suivre les préparatifs de l'ennemi. Nul exemple ne peut mieux le montrer que la bataille du 15 juillet 1918 en Champagne.

Le fait, pour la défense, d'être bien renseignée, offre une telle importance qu'il est intéressant de s'arrêter un moment sur les préparatifs de la bataille du 15 juillet.

Au mois de juin 1918, le front de Champagne était tenu par 3 C. A. de la IVe armée. L'ennemi se montrait excessivement calme, ne tirait pour ainsi dire pas, ne faisait pas de coups de main, et l'activité de son aviation était pour ainsi dire nulle. Par contre, nos renseignements d'avions et de prisonniers nous montraient l'arrière-front assez agité. On constatait de grands mouvements de trains, des constructions de voies ferrées, de dépôts, des terrains d'atterrissage.

Dès la fin de juin, les indices d'une offensive prochaine entre l'Argonne et la Suippe se précisent.

Les nombreux coups de main ordonnés par le général commandant la IVe armée ramènent des prisonniers dont les déclarations concordantes permettent de croire, à partir du 10 juillet, à une offensive que tous les esprits fixent le 14.

D'autre part, les photos aériennes confirment les renseignements des prisonniers. Elles montrent de nombreux dépôts de munitions à l'arrière-front, des tas de munitions camouflés dans la zone des batteries, et nos tirs d'artillerie, du 7 au 13 juillet. confirment leur existence en provoquant l'explosion d'un grand nombre de ces petits dépôts.

Cette période est employée à la préparation de la contre-offensive. En même temps qu'arrivent chaque jour les troupes et l'artillerie de renforcement, on constitue activement les dépôts de munitions. on établit les liaisons téléphoniques et on fixe le rôle de chacun dans la contre-offensive.

Elle est basée sur la connaissance des procédés d'attaque que l'ennemi a inaugurés à Riga et employés, toujours avec un foudroyant succès, sur le front anglais et sur l'Aisne.

Ceux-ci peuvent se résumer ainsi :

1° Les divisions d'attaque sont amenées en secret dans la zone de combat quelques jours seulement avant l'opération. Tout mouvement se fait de nuit. Les troupes bivouaquent dans les villages ou dans

les bois. Les batteries ne tirent pas et sont camouflées;

2° Les troupes d'assaut sont massées dans les premières lignes, quelques heures avant l'heure H;

3° La préparation d'artillerie est courte mais très
violente : elle a pour but de bouleverser complète-
ment: les premières lignes et d'ypériter les batteries,
en même temps que des tirs d'interdiction sont exécutés sur les arrières;

4° A l'heure H, l'artillerie exécute un barrage roulant dont la progression est fixée à l'avance sur tout
le front, les troupes d'assaut suivent ce rideau de
feu et n'ont qu'à nettoyer les positions conquises.

La manœuvre de riposte prévue était la suivante :

Abandon des premières lignes; on n'y laissera que
les guetteurs nécessaires pour avertir du commence-
ment de l'assaut et quelques îlots de résistance qui
auront pour but de disloquer la masse d'attaque, de
la ralentir, et de la séparer ainsi du barrage roulant.

On résistera sur la position intermédiaire organisée à 3 ou 4 kilomètres en arrière de la première
ligne.

Le 14 juillet, vers 21 heures, nous faisons 27 prisonniers qui déclarent que l'attaque doit avoir lieu
dans la nuit, vers 4 heures, et que la préparation
d'artillerie doit commencer vers minuit. Le général
Gouraud donne immédiatement l'ordre de déclancher
les tirs de contre-préparation.

On sait le reste : les troupes d'assaut, massacrées
dans les tranchées furent disloquées dès la première
heure et ne purent suivre le barrage roulant. Le 15,
dès 10 heures, l'attaque est définitivement brisée sur
tout le front, devant les positions de résistance, et
le terrain, délibérément abandonné, fut reconquis
sans difficultés les jours suivants.

RÔLE DE L'ARTILLERIE.

Afin de simplifier les choses, nous ne considére-rons, dans cet exemple, que l'emploi de l'artillerie dans un C. A.

A. — *Avant l'attaque*. — L'artillerie s'emploie acti-vement à gêner les préparatifs de l'ennemi par :

1° Des *tirs d'interdiction* sur toutes les routes et passages aboutissant à une position;

2° Des *tirs de destruction* sur toutes les organisa-tions importantes révélées par la photo : batteries, dépôts de munitions, observatoires;

3° L'*ypéritage* des camps, des zones de rassemble-ment, des passages fréquentés.

Ces tirs n'étaient exécutés que par les batteries du secteur. Aucune batterie de renforcement ne tire avant l'attaque afin de ne pas dévoiler sa présence. L'expérience justifie cette façon de faire. Les batteries repérées perdirent 25 p. 100 de leur matériel, les au tres ont très peu souffert.

B. — *Pendant l'attaque*. — Il était inutile de son-ger à entrer en lutte avec l'artillerie ennemie, trop supérieure en nombre; l'artillerie consacre donc tous ses efforts à la destruction de l'élément actif de l'as-saut : l'infanterie.

L'abandon volontaire de la première position nous procurait un champ de tir de 3 kilomètres de profon-deur, dans lequel l'ennemi se présenterait à décou-vert et en masse. On ne pouvait rêver de meilleures conditions, mais il fallait renoncer aux tirs rigides de barrage qu'une infanterie bien décidée a d'ailleurs toujours réussi à traverser — nous comme les Boches. D'autre part, nous savions que les troupes d'assaut étaient concentrées en avant et dans leurs premières tranchées.

Ces considérations déterminèrent le système de feux employé, caractérisé par :

1° Des *tirs de contre-préparation*, c'est-à-dire, ainsi que nous l'avons dit, une concentration des feux de toutes les batteries disponibles sur toute la zone des premières tranchées et sur une profondeur de 1.500 mètres, car nous savions que l'ennemi avait amené de nombreuses batteries jusqu'à 1.000 mètres des premières lignes. Tirs exécutés par toute l'A. D. et la plus grande partie des pièces A. L. L.;

2° Des *tirs de neutralisation* exécutés sur les batteries ennemies pendant la contre-préparation par l'A. L. à longue portée;

3° Des *tirs sur zones* entre la première position et la position de résistance, après le départ des vagues d'assaut;

4° Des *tirs d'interdiction*, à partir de la première position et jusqu'à l'extrême portée des pièces, exécutés par l'A. L. pendant les tirs sur zones.

Les tirs de contre-préparation et de neutralisation ont lieu pendant la préparation. Les tirs sur zones et d'interdiction sont exécutés pendant l'assaut.

Résultats. — Des renseignements fournis par les prisonniers, il ressortait que les six divisions d'attaque avaient subi des pertes d'environ 50 p. 100, tandis que les trois D. I. de renfort avaient un déchet de 25 p. 100.

De tels résultats ne peuvent naturellement être obtenus qu'avec une artillerie assez nombreuse et bien approvisionnée. Il est donc intéressant de voir comment le 21ᵉ C. A. avait été renforcé.

Normalement à trois D. I., il reçut deux D. I. de renfort, dont une américaine et le total de l'artillerie dont il disposa pour la bataille fut :

18 groupes de 75 (4 américains);
21 batteries 155 C. (6 américaines);
 2 batteries 95 à pied;
 8 batteries 120;
 9 batteries 155 L.;
 1 groupe de 8 pouces;
 1 groupe de 220 T. R.;
 3 groupes de 105;
 2 groupes de 155 G. P. F.;

 1 régiment de 75 porté, arrivé dans la nuit du 14 au 15;

 2 batteries A. L. G. P. (1 batterie de 19 américain, 1 batterie de 32) enfin, furent mises par l'armée à la disposition du C. A. En tout, environ 500 bouches à feu.

L'approvisionnement en munitions, constitué auprès des pièces était de quatre jours de feu. Les batteries consommèrent deux jours et demi ou trois jours. En particulier, les batteries d'A. D. dépensèrent de minuit à 9 heures, le lendemain, 1.000 coups par pièce, consommation qu'il serait bon de considérer comme dangereuse à dépasser, tant pour le matériel que pour assurer le ravitaillement.

Ces batteries furent réparties de la façon suivante :

Toute l'A. C. et l'A. L. C. fut affectée aux D. I. L'A. L. L. fut organisée en quatre sous-groupements.

Trois sous-groupements composés des batteries de 95, de 120, de 155 furent installés de façon à pouvoir agir chacun dans la zone d'une division, avec laquelle il se tenait en liaison étroite.

Un sous-groupement, composé des batteries à grande portée, pouvait agir sur l'ensemble du C. A., et restait à la disposition immédiate du commandant de l'artillerie.

DÉFENSIVE EN PÉRIODE CALME

Nous venons de voir l'action défensive devant une attaque de grand style. C'est une crise aiguë dont la durée est plus ou moins longue, mais toujours limitée. Pendant la période de calme, l'artillerie a également une mission à remplir.

Avant tout, pour l'artillerie comme pour les autres armes, c'est une période de repos relatif qui doit être employée à perfectionner nos moyens, soit en vue de la défense, soit en vue de l'attaque. Une D. I. tient un secteur de 5 à 8 kilomètres de front : la physionomie du secteur est déterminée par la consommation journalière de munitions, allouée par le commandement à l'artillerie.

Les manifestations d'activité de l'infanterie sont caractérisées par les coups de main. Dans l'offensive, l'artillerie y prend une part plus ou moins importante suivant les ordres du commandement. Dans la défensive, le tir effectué dans ce cas a été longtemps le *tir de barrage*.

Tir rapide sur hausse unique, sur ou en avant des premières lignes ennemies, exécuté par une batterie de campagne. Tout le front était divisé en fractions correspondant à la zone normalement battue par une batterie de 75. Dès qu'une patrouille sortait des lignes ennemies, une fusée était lancée par nos guetteurs, et le tir devait se déclancher instantanément.

Ces tirs ont été un des fléaux de cette guerre. Toute l'action de l'A. C. a été pendant longtemps subordonnée à la possibilité d'exécuter les tirs de barrage, et cette action plus ou moins immédiate donnait à l'infanterie une impression fausse de sécurité qui a contribué à lui donner des idées inexactes sur le véritable appui qu'elle pouvait attendre de l'artillerie.

Si bien exécuté soit-il, et déclanché aussi rapidement que peuvent le lui permettre les moyens de transmission les plus parfaits, un tir de barrage n'arrêtera jamais une attaque solidement montée. Dans ce cas, le meilleur appui est la contre-préparation agissant sur les réserves et les cheminements de l'adversaire. Si l'attaque n'est pas importante, l'infanterie doit l'arrêter avec ses propres moyens (V.-B. par exemple) et éviter à l'artillerie une fatigue et une dépense de munitions inutiles.

D'autre part, par le fait de la dispersion, le barrage sur la première ligne boche était parfois ou impossible à exécuter ou dangereux pour nos troupes.

Enfin son exécution amenait généralement une riposte de l'artillerie ennemie infiniment plus ennuyeuse pour l'infanterie que le coup de sonde tenté par l'adversaire.

Ces tirs sont donc à proscrire, mais l'artillerie trouvera des occasions plus utiles d'emploi et également plus instructives pour elle dans les *tirs de destruction*, les *tirs de harcèlement* et les *tirs d'interdiction*.

Les tirs de *destruction* ont lieu d'après un plan établi par le commandement, sur les batteries, les organisations importantes, les observatoires ou les travaux de l'ennemi.

Les tirs de *harcèlement* et d'interdiction s'exécutent

Tir d'interdiction

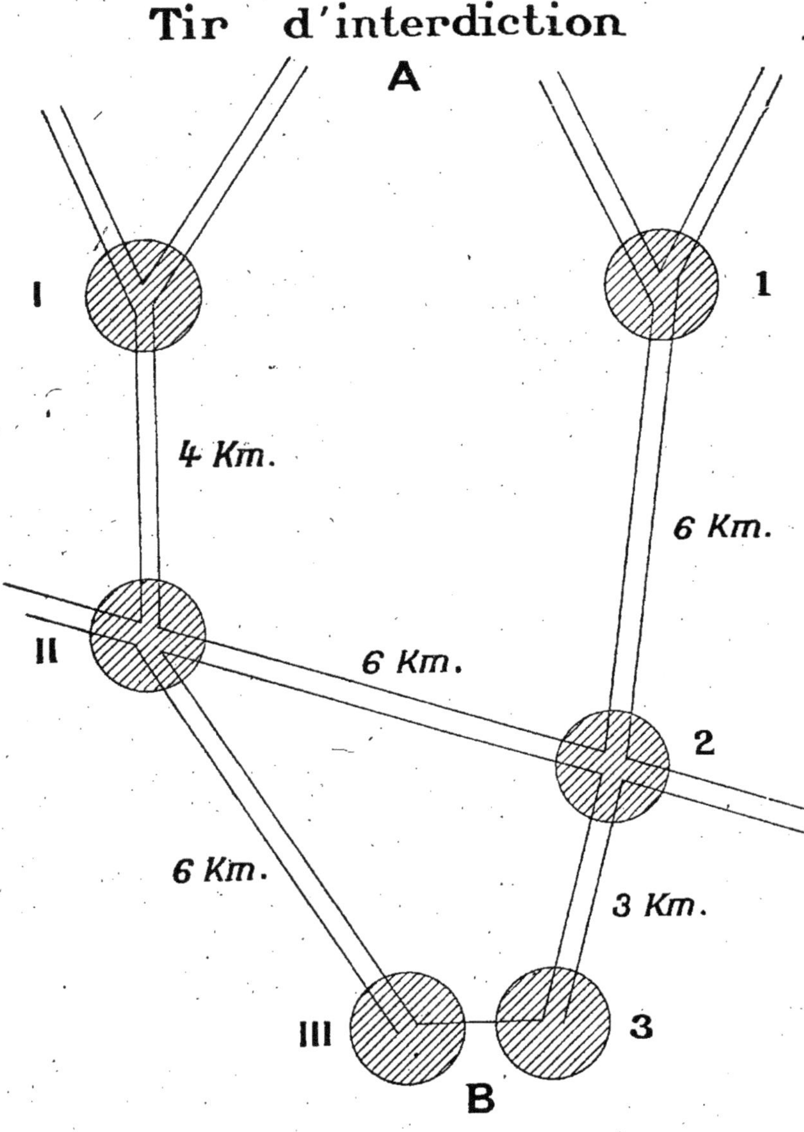

Objectif :
- 1 : 18 - 19.
- 2 : 19 1/2 - 21.
- 3 : 21 1/2 - 22 1/2.

Objectif :
- I : 17 - 18.
- II : 18 1/2 - 19 — 20 - 21.
- III : 20 - 21 — 22 - 22 1/2.

de la même façon, mais diffèrent en ce que le harcèlement est un tir d'occasion (1) de courte durée et d'intérêt purement local, tandis que l'interdiction est un ensemble et doit durer.

Ils sont exécutés d'après un plan minutieusement étudié, basé, d'une part sur ce que l'on connaît des organisations et des habitudes de l'ennemi et, d'autre part, sur le nombre de pièces et de projectiles dont on peut disposer.

Les tirs d'interdiction doivent être agencés de façon que l'ennemi ne puisse adopter un itinéraire sans être obligé de passer par un point ou une zone battue et, d'autre part, qu'il ne puisse saisir la loi qui préside à cet agencement.

Considérons par exemple le schéma de routes ci-contre : Chaque carrefour étant battu pendant le laps de temps indiqué, on voit que toute communication entre la zone A et la zone B est interdite entre 17 et 22 h. 30.

L'expérience a montré que l'on pouvait ainsi rendre sinon impossibles, du moins très difficiles, les mouvements des troupes et les ravitaillements.

Cette interdiction peut même être poussée beaucoup plus loin et s'exécuter grâce aux canons de l'A. L. G. P. sur les gares et les voies ferrées de l'arrière jusqu'à une vingtaine de kilomètres de nos lignes.

COMBAT EN RETRAITE.

Pour achever l'étude de la défensive, il me reste à dire quelques mots sur l'emploi de l'artillerie dans le combat en retraite.

---

(1) Par exemple, si l'on sait que les convois de ravitaillement passent chaque jour à telle heure à tel point, on enverra à ce moment quelques salves sur le point indiqué.

Le propre de ce combat, c'est la rapidité. Les objectifs sont fugitifs et ne pourront être atteints que si le tir d'efficacité peut être immédiatement déclanché, ce qui nécessite une préparation préalable et une observation très attentive. Par contre, les objectifs seront fréquemment des troupes et des convois en colonne de marche et la défense aura généralement la supériorité en artillerie, de sorte que celle-ci peut jouer un rôle prépondérant.

Enfin, le défenseur aura sur l'adversaire une certaine avance, qui lui donnera le temps de faire ses préparatifs.

Le déploiement de l'artillerie satisfera aux conditions suivantes :

a) Etre parfaitement lié à l'occupation du terrain par l'infanterie, d'où la recherche d'emplacements à vaste champ de tir à proximité d'observatoires permettant de bien suivre le combat et en communications sûres et rapides avec la batterie, même sans téléphone;

b) Fournir des feux le plus loin possible, d'où établissement de quelques batteries très en avant; il y a même lieu d'envisager le sacrifice de quelques pièces si les circonstances l'exigent.

Les résultats à obtenir, c'est de retarder l'ennemi dans sa marche et de l'empêcher de prendre des dispositifs d'attaque.

Les tirs ne doivent avoir lieu que sur des *objectifs réels* et qui en valent la peine, car le ravitaillement en munitions sera pour ainsi dire inexistant.

Ils seront donc exécutés :

Sur toutes formations visibles, notamment sur les groupes de mitrailleuses et les batteries en marche ou prenant position à découvert;

Sur toutes les zones de concentration : villages et bois, *quand ils sont occupés;*

Sur tous les cheminements, *quand ils sont utilisés.*

Les pièces à employer sont donc les pièces à grande mobilité tactique pouvant être rapidement retirées du combat : les batteries de 75 se prêtent merveilleusement à cette besogne. Les batteries lourdes seront envoyées en avance sur la position de repli préparée, où elles serviront surtout à écraser de leurs feux puissants les forces ennemies s'installant sur la position conquise.

Les tirs à obus spéciaux sont particulièrement efficaces dans cette manœuvre.

A la suite de tirs à ypérite exécutés par l'artillerie allemande, pendant la retraite sur la Sambre, le 4 novembre 1918, une de nos D. I. a perdu 30 p. 100 de son effectif, et son artillerie ne pouvait plus mettre que neuf pièces en batterie.

V. — L'artillerie dans l'offensive.

Comme nous l'avons fait pour la défensive, nous nous appuierons sur les expériences de 1918, et nous étudierons successivement l'offensive en période calme, puis dans la guerre de mouvement, l'une dérivant d'ailleurs naturellement de l'autre.

La bataille, en effet, consistera toujours en attaques successives de positions plus ou moins solidement organisées et plus **ou** moins pourvues de moyens de défense. Les principes d'emploi de l'artillerie seront donc identiques, la différence consistera surtout dans le nombre et la force des batteries, dans le temps dont on disposera pour en préparer l'emploi, enfin dans la façon dont le ravitaillement pourra être assuré.

Toujours, le but sera la coordination de l'action de l'artillerie avec celle de l'infanterie. Celle-ci devant progresser, le système de feux à réaliser devra ouvrir la voie à l'infanterie. Il devra pour cela être agencé de façon :

1° A neutraliser les moyens de défense de l'adversaire;

2° A briser les obstacles empêchant la progression de l'infanterie;

3° A parer et arrêter les contre-attaques.

OFFENSIVE EN PÉRIODE CALME.

Comme nous l'avons entrevu dans l'étude de la défensive, l'avantage est *a priori* du côté de l'attaque. Bien renseigné sur les organisations et les moyens de défense, l'assaillant se procurera toute l'artillerie qui lui sera nécessaire pour l'opération à réaliser; il se donnera tout le temps utile pour installer ses batteries et en préparer l'emploi, notamment au point de vue de leur ravitaillement en munitions; enfin, il s'efforcera de réaliser l'effet de surprise. Pour cela, il faudra réduire la préparation d'artillerie au strict minimum.

Au début, la préparation d'artillerie durait plusieurs jours employés à la destruction des réseaux de fil de fer, des tranchées, des observatoires et des batteries ennemies. C'est ainsi que furent entreprises les offensives de 1915 en Champagne, de 1916 à Verdun, sur la Somme, de 1917 à la Malmaison. Comme nous l'avons vu tout à l'heure, les Boches ont été les premiers à réduire la durée de la préparation.

Aujourd'hui, il est admis qu'il est superflu de demander à l'artillerie la destruction des fils de fer, besogne qu'elle ne pouvait guère réaliser qu'en première ligne et qui, d'ailleurs, est bien plus sûrement faite par les tanks.

D'autre part, on a reconnu qu'il était inutile de détruire les tranchées, et qu'il suffisait d'en maintenir les défenseurs terrés en neutralisant d'autre part les observatoires, les mitrailleuses et l'artillerie.

Enfin, on s'aperçut que les tirs nécessaires pour obtenir de pareils résultats ne comportaient pas une grande précision et permettaient de réaliser l'effet maximum de surprise en les déclanchant subitement sans réglages préalables.

En conséquence, la préparation d'artillerie sera réduite à quelques heures. Nous avons vu que les Allemands, le 15 juillet 1918, l'ont fait durer quatre heures. Le gros travail de la préparation sera du ressort du commandement : commandement de l'artillerie et commandement des batteries. Il consistera :

1° A préparer l'emploi des batteries de renforcement (reconnaissance des emplacements, préparation de tir, liaison...);

2° A assurer le ravitaillement en munitions par l'organisation de dépôts propres à chaque zone de batteries;

3° A la préparation des tirs sur la carte.

Voyons la pratique et, pour simplifier, nous nous bornerons encore au cas particulier du C. A.

Nous allons étudier l'offensive du 21e corps d'armée le 26 septembre 1918. Le front d'attaque est de 4 kilomètres, entre la butte de Souain et Tahure.

Les renseignements qu'on possède sur l'ennemi permettent de croire à une organisation défensive très échelonnée en profondeur. Elle comprend une zone de combat arrière pourvue de quelques forts points d'appui. Les deux zones sont séparées par le ravin de la Py.

Les forces ennemies paraissaient être deux régiments d'infanterie et trente batteries. Le C. A. dispose, pour l'opération, des batteries suivantes :

7 régiments de 75;
8 groupes de 155 C.;
4 batteries de 120;
4 groupes de 105;
4 batteries de 155 L.;
2 groupes de 220 T. R.;
1 groupe de 270;
1 groupe de 280;
1 groupe de 8 pouces.

Au total, 510 pièces dont : 292 pièces A. C., 138 pièces A. L. C. et 80 pièces A. L. L.; c'est-à-dire 127 pièces au kilomètre : 73 A. C., 34 A. L. C., 20 A. L. L.

En outre, un groupe de 25 pièces d'A. L. G. P. était mis par l'armée à la disposition du C. A., le cas échéant.

Les batteries étaient approvisionnées à quatre ou cinq jours de feu en moyenne.

Ces batteries sont réparties de la façon suivante : Chaque D. I. dispose de : 10 à 11 groupes de 75, 5 groupes A. L. courts.

L.A. L. longue est répartie en trois groupements : deux doivent agir chacun plus particulièrement dans le secteur d'une D. I., mais peuvent agir sur tout le front du C. A. Un groupement de gros mortiers a pour mission de détruire successivement les organisations les plus résistantes de l'ennemie.

Les batteries sont portées le plus en avant possible, de façon :

1° A permettre à l'A. C. d'accompagner l'attaque sans déplacement jusqu'à la zone de grand combat.

2° A pouvoir agir avec l'A. L. L. le plus profondément possible sur la zone arrière.

Toutes les précautions sont prises pour cacher les préparatifs à l'ennemi. Tous les mouvements se font de nuit. Les batteries installées sont soigneusement camouflées, ainsi que les dépôts de munitions.

Aucun réglage n'a lieu, et les servants ne montent aux positions de batterie que dans la nuit du 24 au 25.

La préparation commença le 25 à 23 heures et dura six heures. Elle comporta :

1° Des *tirs de neutralisation* exécutés par l'artillerie divisionnaire et l'A. L. L. (tirs à ypérite sur les batteries connues ainsi que sur les zones favorables à l'installation des batteries de renforcement; tirs à obus fumigènes sur les observatoires);

2° Des *tirs de destruction* exécutés par l'A. L. C. sur la zone des abris de première ligne, les emplacements des mitrailleuses. Les points particulièrement résistants étaient réservés aux gros mortiers;

3° Des *tirs d'interdiction* exécutés par l'A. C., l'A. L. L. et le groupe A. L. G. P. sur tous les cheminements, les pistes et les points de passage obligés.

Pendant l'assaut, l'A. L. L. continue ses missions de neutralisation et d'interdiction, tandis que la majorité des batteries d'A. C. exécute un *barrage roulant* qui a pour double but d'obliger les défenseurs à rester terrés et de constituer un rideau de fer et de fumée devant la progression de l'infanterie.

Barrage roulant 26 sept.

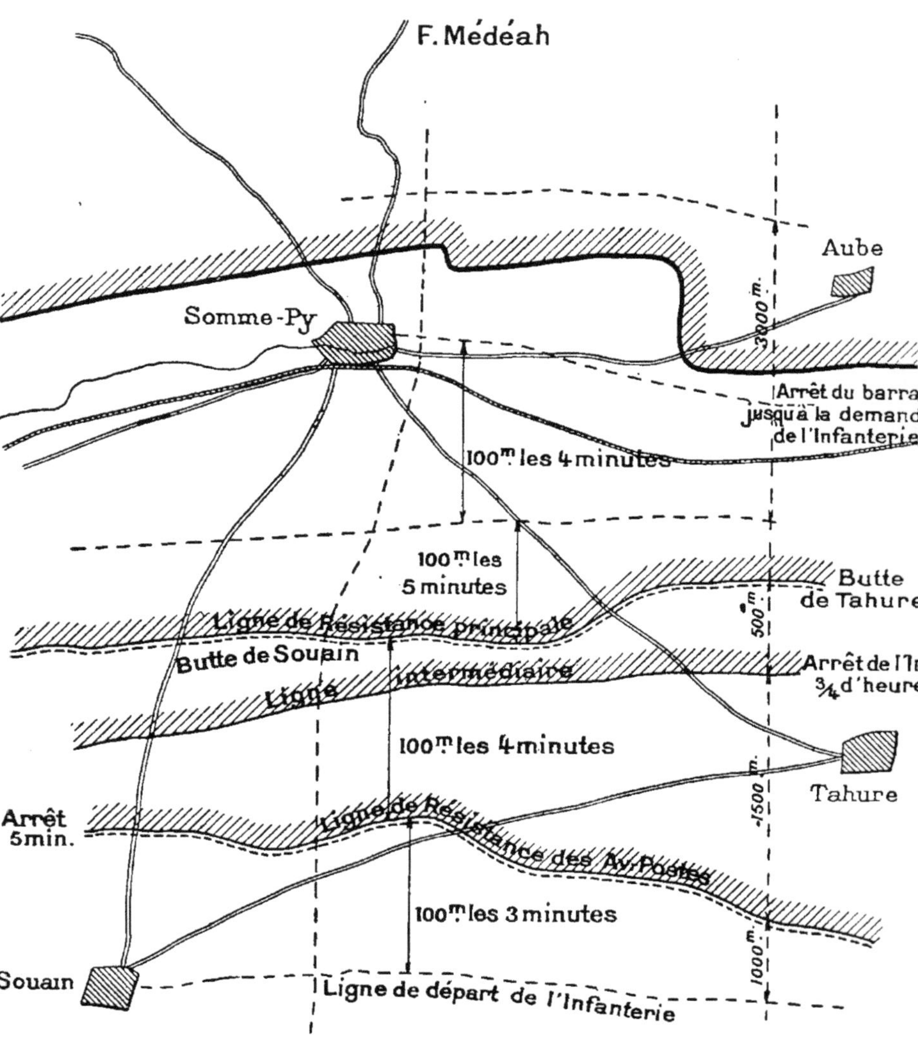

Cette action exige une entente préalable minutieuse entre les deux armes, et une liaison aussi parfaite que possible pendant l'opération.

De l'entente résulte un horaire déterminé (le schéma ci-contre indique l'organisation de barrage roulant réalisée le 26 septembre). Mais nous avons vu que, si cet horaire est trop rigide, le barrage roulant risque d'abandonner rapidement l'infanterie. La liaison intime et continue est donc nécessaire; nous verrons autre part comment on s'efforce de la réaliser, disons ici tout de suite qu'elle sera facilitée par une organisation concordante du commandement de l'artillerie avec le commandement de l'infanterie : par exemple, un groupe d'artillerie agira au profit d'un bataillon d'infanterie.

A 14 heures, la première position est entre nos mains. On y constate que le tir de nos gros mortiers, exécuté sans réglage préalable, a été parfaitement efficace : tous les abris profonds ont été crevés.

Le lendemain, la position au nord de la Py est enlevée. Dès lors, commença la guerre de mouvement.

L'avance se poursuivit les jours suivants par bonds de deux ou trois kilomètres. Pour appuyer le mouvement, l'artillerie dut se porter en avant, mais le C. A. ne disposait que d'une route, d'ailleurs très bouleversée, dans la zone de combat. Il était donc très difficile d'assurer le ravitaillement d'une nombreuse artillerie.

Par suite, on décida de ne faire suivre le mouvement qu'à l'artillerie organique de la D. I., à celle du C. A. et à un régiment de 105, canon idéal pour faire de la contre-batterie et de l'interdiction lointaine.

Ce sera d'ailleurs là la composition normale d'artillerie sur laquelle on peut compter dans la guerre de mouvement.

OFFENSIVE EN PÉRIODE DE MOUVEMENT.

Dans cette période, l'emploi de l'artillerie soulève de nouveaux problèmes. Toujours il lui faudra agir en concordance avec l'infanterie et briser la résistance qui s'opposera à sa progression. Mais, tandis que dans la phase de rupture toutes les données du problème étaient connues, et que l'emploi de l'artillerie pouvait être réglé à l'avance, jusque dans les moindres détails, d'après un plan préconçu, ici, tout, pour ainsi dire, est imprévu. Le haut commandement ne peut que donner des directives et maintenir le combat dans la voie qu'il désire par le jeu des réserves et l'apport des munitions. La direction du combat incombe aux chefs subalternes, commandants de régiments ou de batteries, en contact direct avec l'ennemi.

Donc, d'abord assurer la liaison de l'artillerie avec ces petites unités. Nous avons donné, tout à l'heure, à propos du barrage roulant, une solution du problème en faisant agir une petite unité d'artillerie au profit d'une petite unité d'infanterie : par exemple, un groupe d'artillerie agira en liaison avec un régiment d'infanterie.

Ensuite, il faut assurer la continuité de l'action, c'est-à-dire prévoir et préparer le déplacement de l'artillerie. Nous avons dit que la durée du déplacement devait être réduite au minimum, toute pièce en mouvement étant sans utilité. L'artillerie ne se déplacera que lorsqu'elle sera dans l'impossibilité de suivre par ses feux la progression de l'infanterie. Le mouvement se fera par échelons, chacun d'eux exécutant un bond dont l'amplitude sera sensiblement égale à la moitié de la portée maxima des pièces, de façon que, pendant la durée du mouvement, l'appui prêté à l'infanterie soit assuré par l'échelon resté en position.

Enfin, le dernier mot de l'offensive, en guerre de mouvement, c'est la poursuite. Le rôle de l'artillerie peut y être prépondérant, en jetant de loin le désarroi dans les colonnes de l'ennemi. Là, plus encore que tout à l'heure, la direction du combat sera dans les mains des chefs subalternes. Il suffira d'ailleurs de peu de canons, et leur emploi se conçoit aisément jusqu'au moment où l'ennemi offrira une certaine résistance, et l'on retombe alors dans le cas normal.

Comme dans la retraite, les pièces se prêtant le mieux à l'opération sont les pièces aussi mobiles que possible et pouvant être facilement ravitaillées en munitions. Le 75, notamment le 75 porté, est certainement le matériel le plus apte. Quelques batteries de 105 pourront également être très utiles pour contre-battre les batteries ennemies et pour porter le désarroi dans les colonnes lointaines de l'ennemi.

VI.

En résumé, l'emploi de l'artillerie repose sur le principe suivant : réaliser un système de tirs — manœuvre par le feu — s'adaptant avec les mouvements, la manœuvre de l'infanterie.

Dans la défensive, l'artillerie brisera l'attaque de l'ennemi.

Inutile de lutter contre l'artillerie ennemie trop supérieure, l'objectif principal sera l'infanterie adverse. Les tirs de contre-préparation désorganiseront les masses d'attaque, tandis que les tirs d'interdiction faciliteront la contre-offensive en empêchant les réserves de l'ennemi d'arriver.

La protection des batteries sera recherchée par la

dissimulation des emplacements, la souplesse dans la manœuvre et dans le tir, l'échelonnement en profondeur.

Dans l'offensive, l'artillerie brisera la résistance de l'ennemi par :

La neutralisation puissante de l'infanterie et des batteries;

L'aveuglement des observatoires;

La destruction de ses organisations;

L'interdiction du mouvement des réserves et de ravitaillement.

On recherchera l'effet de surprise par la dissimulation des préparatifs et la brièveté de la préparation.

Toujours, on s'efforcera d'assurer à l'infanterie un appui aussi constant et puissant que possible. On n'y arrivera que par l'organisation en groupements, facilitant d'une part la liaison étroite avec les unités d'infanterie, d'autre part la rapidité des déplacements. Ceux-ci seront toujours délicats à exécuter et devront être étudiés minutieusement à l'avance, de façon à ce que leur durée soit réduite au minimum, et que l'action de l'artillerie soit continue.

L'emploi de l'artillerie, à quelque point de vue qu'on l'envisage, exige donc de la part des chefs, quel que soit leur degré dans la hiérarchie, une connaissance approfondie des propriétés du matériel qu'ils ont à utiliser. Cela se traduira pour toute action, voire même pour tout déplacement, par un plan d'emploi minutieusement étudié, basé sur l'action de l'infanterie à appuyer, sur les possibilités de tir du matériel, sur les facilités de mouvement, enfin sur la consommation permise de munitions.

L'emploi raisonné de l'artillerie demande également, de la part des commandants d'unités d'artillerie aussi bien que des commandants d'unités d'infanterie, une parfaite connaissance de la tactique des deux armes. Celle-ci ne s'obtiendra que par une pénétration plus profonde, une vie plus commune entre les deux armes.

Pendant la guerre, les commandants de groupes et de batteries vivaient constamment avec les commandants de régiments, de bataillons, de compagnies, avec lesquels ils avaient à travailler de concert. Il serait à souhaiter que cette communauté de vie, la seule capable d'assurer la communauté de pensées, soit réalisée dès le temps de paix.

La dernière guerre a montré l'importance du matériel. Il est probable que cette prépondérance ne fera que croître, et, par suite, les théories actuelles seront sans doute modifiées. Mais, quelles que soient la qualité et l'abondance du matériel, ces facteurs restent sans importance si ceux qui les mettent en œuvre n'ont pas longtemps réfléchi à leur emploi.

Tout combat est un cas particulier; plus la part du matériel y sera grande, plus son emploi exigera de la souplesse d'esprit et une prompte décision. Il ne peut donc être question, aujourd'hui, moins que jamais, de formules d'emploi toutes faites. Le but de cette conférence n'a pas été d'en donner, mais de montrer l'ampleur de la question et de permettre d'y réfléchir.

PARIS ET LIMOGES. — IMP. MILITAIRE CHARLES-LAVAUZELLE ET Cⁱᵉ

Imprimerie militaire
CHARLES-LAVAUZELLE & Cie
PARIS ET LIMOGES